ESTANCIAS ROMANAS

20 LA VELETA 24

DIRIGIDA POR **Andrés Trapiello**

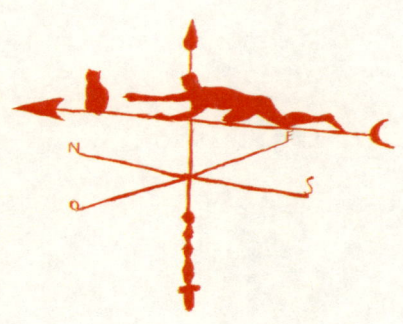

(Viñeta: José Manuel Benítez Ariza)

ERNESTO BALTAR

estancias
romanas

LA VELETA 2024 GRANADA

© ERNESTO BALTAR

© EDITORIAL COMARES
POLÍGONO JUNCARIL - C/ BAZA, PARCELA 208 - 18220 ALBOLOTE (GRANADA)
TELF.: 958 46 53 82 · libreriacomares@comares.com
www.comares.com · facebook.com/comares
twitter.com/comareseditor · instagram.com/editorialcomares

ISBN: 978-84-1369-787-1 · DEPÓSITO LEGAL: GR. 489/2024
IMPRIME: COMARES, S.L.

«Es tan admirable la vida y tan admirable el hombre, que todo debiera conservarse, absolutamente todo: la luz de la mañana, los sonidos de la tarde, y cada cosa que le sucede a cada hombre. Incluidas sus fantasías, sus deseos eróticos o criminales, estúpidos o nobles, sus dudas, sus miedos, sus sufrimientos, la pobre ceniza de su mediocridad, los objetos, las naderías. Nada debería perderse. Por misericordia, y para ejercerla con nosotros mismos».

JOSÉ JIMÉNEZ LOZANO

ESTANCIAS ROMANAS

ESENCIA DE LA ESTANCIA

ESTANCIA es espacio y es tiempo.
Estancias son las habitaciones.
Estancias son los lugares.
Estancias son los periodos.
Estancia es el haber estado.
Estancia es el ir a estar.
Estancia es presente y pasado.
Ser, estar. Esencia, estancia.
Donde se es. Donde se está.

Mis estancias romanas han sido más de diez.
Esta última, la más *estable*, de tres meses.
Lo malo del recuerdo es que todo lo arrasa,
incluso las alegrías más prolongadas,
y hasta la nota más sublime se puede ver agriada
por la pesadumbre posterior, nacida de una pesadilla.

Las estancias romanas más famosas
son las de Rafael en el Vaticano:
cuatro cuartos en el Palacio Apostólico
que son la quintaesencia del prodigio.
Estas estancias son menos artísticas,
más prosaicas, menos logradas y estéticas.

Tienen, quizá, algo de los frescos
de la Estancia del Sello,
porque un poco como sellos han ido componiéndose,

a la buena de dios, sin mucho tino,
como quien estampa su firma en un lacrado,
y el autor no entiende muy bien
por qué nacieron ni qué significan
ni si merecen estar impresas sobre blanco.

(Roma, 1 marzo – 31 mayo 2022)

SUENAN las campanas de Sant' Agostino
y empieza un nuevo día
—promisoria jornada, peregrinaje incierto—
entre hilvanes de nubes grisáceas
y alaridos salvajes de gaviota.
Los *frati* rezan laudes
con voz estremecida
pero alegre, magnífica:
Iam, Christae, sol iustítiae,
mentis dehíscant ténebrae,
virtútum ut lux rédeat,
terras diem cum réparas.

Parece increíble estar aquí,
haber merecido la venia
de Su Señoría
con esta tregua impensada
—asombro, maravilla, pasmo—
en que el lenguaje de la felicidad se agota.

Roma está llena de todo,
como un bazar inagotable y mágico.
Es vida resumida, compendiada:
de lo más bajo a lo más sublime,
de lo más vil a lo que nunca muere.
Terrazas rebosantes de turistas
sorbiendo pasta, devorando helados,

tratando de captar la realidad en fotos
como si se pudiese hacer del tiempo un álbum.

El sol acariciando en cada esquina
y cegando a los gatos que se desperezan
encaramados a las columnas rotas.
La guía de los foros imperiales
que recita entusiasta su salmodia
de guerras, crímenes y emperadores.
No hay relato leve, poroso,
que pueda compensar el peso del mundo,
la locura de la historia.
Todo acaba en pasado,
y así se purifica.

Iglesias mudas, solitarias, húmedas,
que siempre tienen hueco para el pobre,
e incluso para el visitante.
El cuadro de Rafael o Caravaggio
que espera sigiloso en la capilla ténebre
y sorprende al curioso que se asoma.
No hay limosna suficiente
para iluminar el claroscuro
—constante, sostenido—
de esta ciudad interminable.

En los bancos de los parques
mendigos acartonados
con hedor de milenios
y barba de estropajo verde.

Ángeles de piedra a la hora del *tramonto*,
reflejados en el cristal arrugado del Tíber,
cimbreando su sonrisa entre puentes
dorados de farol y niebla,
con esa luz impar que emergerá en el Último Día,
como fingiéndose ánimas del purgatorio.
Hay algo de apocalipsis amable,
cordial, sincero,
en este crepúsculo romano
a la ribera del río.

Tanta piedra partida, acumulada,
tantos siglos perdidos,
tanto honor desgastado.

Es difícil hacer de lo maravilloso
una costumbre,
digerir el portento a todas horas,
economizar la belleza
para que la respiración no se corte a cada paso.
Paso tantas veces al día
por el Panteón de Agripa
que ya casi ni me fijo,
y cuando me doy cuenta
del despiste me reprendo:
«No puede ser, estás aquí,
disfruta, sé consciente».

A veces cierro los ojos
y hago una tregua

en esa reproductora voraz, insaciable,
que es la fotografía.
Todo pide ser inmortalizado
porque ya es inmortal,
porque tiene el timbre de lo eterno.
Cada soportal es una guarida
posible de lo sublime,
siempre hay que asomarse a los patios
y aprovechar cuando se abren los portones
para echar una mirada dentro.

La contrapartida inevitable
de este estado de asombro permanente
es la enfermedad.
Acabo derrotado en el somier, sin poder moverme,
después de varios días de paseos infinitos,
de no dejar de devorar belleza,
como si fuese un niño expósito
sin mote ni alimento.
Un día de reposo es suficiente,
y vuelta a empezar.
El eterno retorno
del retorno eterno.

Ciudad de gaviotas, vencejos y gatos,
Roma es la Roma eterna
que se disfraza de joven
para volver a morir
en brazos de una estatua
—ahogada de verdín—
que se sabe ya muerta.

Las farolas de cristales rojos,
las vírgenes en sus hornacinas.
Los textos inscritos en los arquitrabes,
delicia de tipógrafos y latinistas.
La fachada rosácea
tras la ventana del aula
denuncia lo que se explica adentro:
¿Es la existencia un predicado?
¿Es la palabra un comodín del mundo?
¿O son todas las formas de las categorías
un intento cobarde de evadirse del ser?
Veritas fundatur esse rei
magis quam in ipsa quidditate.

UNA LECCIÓN DE HISTORIA

LA Roma fascista tiene algo
de cónclave fantasmagórico.
Son estatuas ya muertas,
con los ojos vacíos
pero llenos de odio y arrogancia,
y la nostalgia de un horizonte eterno
como en los cuadros metafísicos
del poeta De Chirico.

La geometría euclidiana
elevada a la enésima potencia,
la simetría como reconstrucción del sueño,
el punto de fuga que no regresa,
la enfática mentira
de querer ser invencible o el más fuerte.

Resuenan en estos espacios cóncavos,
como si los atravesase un agujero negro,
las arengas locuaces de hace un siglo:
el tirano colérico, la muchedumbre encendida,
los pasos de las botas militares...
Molti nemici, molto onore.

Ajenos a ese pasado funesto,
los niños corretean
en el *stadio dei marmi*

para desahogarse y dormir mejor,
ríen, claman, jalean,
mientras el sol se esconde
tras los bíceps venosos
del atleta de mármol.

Una lección de historia,
su violento contraste.

CENTENARIO

HACE ahora cien años que nació Pasolini,
y las librerías lo celebran
con cartelería y anaqueles
donde tratan de reunir toda su obra.

Pier Paolo, el bardo de la miseria,
el mártir de la parresía,
fibroso maratoniano
de quijada famélica y gafas oscuras,
tan seductor como desagradable,
dejó de respirar hace ya medio siglo
en un descampado junto al mar
asesinado a golpes por un chapero
y rematado bajo las ruedas de su coche.

Murió llamando a gritos a su madre,
como en sus pesadillas infantiles.
Esta vez no era el niño perdido
por los soportales de su Bolonia natal,
sino el adulto —Edipo Rey destronado,
eterno niño o adolescente—
abriéndose paso, moribundo,
entre las brumas de la playa de Ostia.

Más allá de la tragedia y la historia siniestra,
hay un temblor de verdad
—la violencia sincera de la compasión—

en las palabras radicales de este hombre
que apostó por la nada para perderlo todo,
que luchó sin temor y con fiereza contra la hipocresía.

Crítico de la sociedad de masas,
del consumismo y la homologación global,
heterodoxo de todas las confesiones,
su valentía y su franqueza
eran un martillo constante
contra la corrección política.
Nadaba a contracorriente de todo,
incluso de sí mismo.

Un kamikaze del espíritu.

RECORRER la Via Appia Antica
de principio a fin, a pie, durante horas,
es un placer difícilmente conjugable.
Por mucho que te esfuerces en negarlo,
sabes que son jornadas no vividas,
sabes que fueron fantasías
o sueños de algún muerto
que —desde lo eterno— te soñó vivo.

En días de sol
reluce el verde y las flores,
abundan los ciclistas y corredores,
todo remite a la vida,
a una vida próspera y radiante,
y los restos de las tumbas y mausoleos
no tienen aspecto fúnebre
sino celebratorio,
puestos para rememorarnos vivos en los muertos.

En días de lluvia
todo se llena de melancolía
y quizá el ambiente se hace más verdadero, más denso,
más proclive a la reflexión,
a la meditación sobre la muerte
y el paso de las horas.
El peso de las horas se disuelve,
las nubes se desplazan veloces

y en las piedras negras se reflejan
los distintos tonos y colores, en una escala perfecta,
con una claridad onírica que quizá sea más nítida
que la borrosidad de la vigilia
(que no deja de ser una pátina del sol).

El circo de Massenzio,
la Villa dei Quintili,
la tumba de Cecilia Metella...
Cada centímetro de esas piedras
daría para cien páginas de oda sostenida,
de elegía del tiempo y de la historia.

Me gustaría escribirla.

A LA hora del atardecer
Roma convoca a sus fantasmas
y el relente hace acto de presencia
—aquí anochece antes, al menos una hora—,
el cambio es brusco
y uno echa de menos todos los jerséis
que olvidó colgados en perchas y respaldos,
todos los jerséis que no compró,
los que no se puso,
los que no metió en la maleta.

Los vendedores de castañas asadas
encienden sus bombillas
y aquello adquiere un aire más épico,
casi espectral,
que incita más al consumo
de las frutas secas del invierno.
Saben mejor con frío.
El calor en las manos
forma parte de la degustación.

Las iglesias comienzan sus conciertos
en acceso libre,
que siempre guardan sorpresas de emoción
para el forastero despistado,
perdida la mirada entre frescos y cúpulas,
hasta que llega el vértice de la melodía,

la nota mística,
la joven de la voz preciosa,
y entonces todo adquiere sentido
y sabes que la vida es enorme y gloriosa y expansiva,
que todos los dolores y angustias de este mundo
—sin duda, más de los que deberían—
no pueden hacer sombra a esta luz que no cesa.
Que el bien le gana al mal
ya antes de empezar la partida.

La rosa deshace su espina
sólo con respirar,
sólo con anhelar sus hojas
navegar libres por el cielo.
Todo es bueno por estar aquí,
por haber dado el salto a la presencia,
por decirse en silencios repetidos
como alarido mudo de poeta.
Participa del bien y la belleza
de la existencia misma,
la plenitud del ser.

Como reza la inscripción del Verbo
que alienta el corazón del hombre
desde la creación del mundo
(palabra y pensamiento y realidad):
Ipsum Esse Subsistens.

CUARENTENA

NO hay mejor lugar
para pasar una cuarentena
que esta ventana en Campo Marzio,
en mitad de la Roma eterna.
Me aposto en el alféizar
y paso la mañana en un suspiro,
absorto en la fachada de la iglesia,
con música de fondo
o un libro entre las manos.

Saludo a las gaviotas
—ligeras, siempre blancas—
que planean por un cielo
del color de la ceniza.
Me recreo en la lluvia
que salmodia sus gotas en el tejado,
y celebro los brillos de las hierbas
que emanan de los adoquines.
Se escuchan las voces
de los niños que juegan en la plaza,
de los transeúntes calmos o apresurados,
de los turistas que van a visitar la iglesia,
de la loca pintada
con sonrisa de carmín excesivo
que canta tonadillas de su tierra.

Aprovecho las horas muertas
para traducir un libro de metafísica
—*La estructura paradójica de la existencia*—
y para escribir esto
que estoy tecleando ahora mismo
con tanta ligereza como resolución.
No sé si será el virus del poeta.

Pasan por el arco de la plaza
los coches y las motos,
la gente con paraguas
que atraviesa el empedrado húmedo.
Veo por el cristal de la ventana
los vencejos que huyen
allá al fondo,
que buscan otras vidas.
Y reflejados en las ventanas
del edificio de enfrente
a los feligreses
que suben la escalinata
a la hora de misa.
Maúlla por las noches
el gato fantasma de un vecino
(fantasma porque el dueño ha muerto,
fantasma porque no lo he visto).

Podría soportar aquí uno
infinitas pandemias.
La única desdicha:

no poder disfrutar de los matices
del olor a humedad
de esta lluvia en las tejas
por haberme quedado sin olfato
a causa del coronavirus.

Me asomo a la lucerna
que exhibe en lateral su geometría
y dejo martirizarme por las campanas
que son el manicomio del cerebro
llamando a un incendio del alma
y a una fragua del espíritu
que no cejan en su empeño
de hacer del mundo
una rabiosa loa a Dios.
La mística en sordina.

LA belleza violenta
de la Fortuna Annonaria,
embarazada de sombras.

Las termas donde Plotino
evaporaba demiurgos,
bañaba sus enéadas,
tejía la omnipotencia del Uno
del que todo —también tú— emana,
como una caracola de lo Eterno
—del Bien Sumo, del Ser Mismo—,
hecha de la materia de los sueños.

Elocuente en su sal,
anhelante en su eco,
celebrado en su grito,
diciendo adiós a todas estas soledades,
soñando débil en la noche oscura
como el poeta místico
—aquel que se anonada—,
me despido del dios sereno y último,
mástil de plata, faro invisible,
un fiero bálsamo que envenena al reo
y se derrama sobre el pecho de un áspid.

Me siento en las gradas del teatro
—cávea o soledad, *opus reticulatum*—

y miro todo con ansia de guardármelo,
que no se pierda nada ni la muerte se lo lleve.
Dibujo los tres relieves de máscaras
que parecen locos enfadados,
para que no se me olviden,
y emborrono este diario en mala prosa.

Mi sombra alargada se proyecta
en el paso de cebra,
se dobla en las esquinas de los edificios
de una ciudad inventada
en la que siempre es poniente: Ostia Antica.

UMBRIA NADA UMBRÍA

LA ruta de los franciscanos
por la región de Umbria
es un itinerario de la felicidad
de los que supieron vivir sin nada
y entregaron su alma al no tener,
a la riqueza impar del que se sabe nada
y hace votos de humildad contemplativa.
Ermitaños fantásticos,
famélicos, vaporosos,
refugiados en cuevas como templos,
caminantes eternos, incansables,
peregrinos en marcha por la peregrina existencia.

La hermosura del mundo
puede llegar a ser tan brutal, tan violenta
que te deje noqueado y en silencio,
callado ante la inmensa dimensión de Todo.
Las ruinas de la oración son la Belleza:
la abadía de San Pietro in Valle,
uno de los lugares más preciosos del mundo.
Allí los eremitas Lázaro y Juan expiaron sus pecados,
entre frescos medio borrados por el paso del tiempo
junto a la lápida esculpida por el maestro Orso
y los sarcófagos de *Amore e Psiche*,
de los cazadores y de las barcas rumbo al Hades.

La plaza central de Espoleto
es como una tabla de ajedrez.
Pasea uno contemplando los edificios
como si fuesen motivos de cartón
que se alzan ante la mirada
como escenarios fugaces, frágiles,
trampantojo de tus propios sueños.
Va uno por la via Aurelio Saffi
y de repente llega a una escalinata,
que es más bien una rampa,
y es como situarse en un mapa
de cuatro dimensiones
que se abre hacia el cielo.
Imagina uno a cientos de personas
tirando con cuerdas de las fachadas
desde la parte de atrás de los edificios.
Se avisan cuando alguien accede a la plaza
y tiran de las sogas al unísono.

PASO por piazza in Campo Marzio
con mi helado de pistacho
y chocolate negro
coronado por nata,
que se desliza por el cucurucho
como lava fundente,
y miro a la ventana del tercer piso
—el edificio azul
frontero con la iglesia—
que suele estar apagada.
Pienso: aquí tejía sus historias y poemas
en prosa inmortal
la gran Natalia Ginzburg.

Hay algo de sagrado en esa estancia
donde una bombilla
amparaba los sueños y evocaciones
—tan reales como la vida misma—
de una mujer genial, extraordinaria,
que hizo de la exactitud cotidiana
el arte puro de la literatura.
Personas de carne y hueso,
sentimientos vividos o pensados,
emociones pasadas que al revivirlas duelen,
palabras familiares que recuperan
siglos de memoria y experiencia,
tesoro resumido de una civilización.

Si viniese a la tierra un alienígena
—como suele decirse—
y quisiese saber lo que somos,
yo le daría un libro de la Ginzburg
o toda su bibliografía.
No necesitaría más.

SILENCIOSO y melancólico,
recorro el jardín de los huesos
—tibias como flores,
árboles de calaveras—,
inmensidad de la amarga brisa,
lápidas de escritores inmortales
(saludo a Keats y a Shelley),
espacio y tiempo resumidos,
fantasía de amor,
soledad y misterio,
palabras y olvidos de la carne.
Es una sensación
de muerte en suspenso,
como que amaga y no quiere rematar
diluyendo el cadáver putrefacto
con la ayuda de gusanos.
Todo lo que se respira es alma.

Me siento en un banco frente a la pirámide
con pleno sol en la cara —y mucho frío—
y saco mi libro de Leopardi
recién comprado en el rastro,
envuelta la atmósfera
en una especie de milagro dominical
sin apenas gente,
observado sólo por los orondos gatos.

Creados con dolor
—sordos y ciegos,
estampas de lo eterno,
gargantas rotas,
hondura de la tierra—,
los cantos del poeta de Recanati
reverberan en mi mente.
Somos víctimas propicias
de la lógica y el presentimiento.
¡Que desplieguen su locura
de poesía y música,
gloria y cumbre de oro,
llamas y cenizas,
olas y nubes!

Telarañas de un insomnio no devuelto,
fuga de astillas en el hueso del mundo
—vacío y absoluto—,
mirlos altivos que vigilan el día
bajo un sol que calcina,
sonidos vagos, tristes,
que recuerdan la muerte única.

Ya en sueños, por la noche,
voy pisando el campo de cadáveres y ruinas
y escucho unos ladridos nostálgicos
que buscan una luna que no se ve,
tapada por nubes púrpuras.
Las estatuas se levantan de sus sepulcros,
se saludan entre ellas

y caminan por los senderos del cementerio,
charlando, gesticulando,
como si fuese un hábito inveterado.
Entonces te despiertas
y todo desaparece.

HE estado tantas veces
en casa de Mario Praz
que puedo evocar ahora sus habitaciones
con los ojos de la memoria,
aunque el museo siga cerrado
desde que explotó la pandemia.

Llama uno al telefonillo del palacio Primoli
desde el inmenso portal lujoso
y la bedel, sorprendida,
abre acceso al insólito forastero.
No son muy habituales las visitas,
de ahí el asombro y la amabilidad
con quien traspasa el umbral del arte:
cuadros, esculturas, jarrones, muebles
(Biedermeier y Segundo Imperio),
bibelots, cristales de Bohemia, efigies,
estatuillas de santos, malaquitas rusas,
retratos, muñecas, porcelanas,
instrumentos de música, abanicos, cortinas,
objetos de bronce, plata, madera…
Más de mil doscientas piezas
distribuidas en una decena de estancias.
Pero dejemos el inventario completo para otro día.

Todos somos coleccionistas:
unos de obras, yo de lugares y vivencias.

Atesoro momentos, personas, miradas,
objetos, sensaciones, experiencias…

Nada de lo humano me es ajeno,
ni me enajeno en lo otro de lo humano,
ni humanizo lo ajeno que nos mina.

CALLAR es dar forma a la nada,
medir lo que no ocupa.

Varias horas
—a solas y a oscuras—
en la iglesia de San Giovenale,
rodeado de frescos fragmentados
y figuras de apóstoles y santos.
Podría quedarme aquí toda la vida
contemplando el morir de las pinturas,
el lento erosionar de los pigmentos
en la piedra que el tiempo desdibuja,
oyendo este silencio que ensordece,
el roer de los siglos
como un ratón esquivo
que es mi propio cadáver
reflejado en el espejo de unos ojos,
los ojos (ciegos) de lo eterno.

Callar es dar forma a la nada,
medir lo que no ocupa.

El árbol de Linneo
dibujado en la pared del fondo
es una clasificación del ser.
Virar los ojos al destino,
revelación callada del difunto,

las entrañas del bien no saben su nombre.
Permitir el amor es dar pábulo al fin,
la libertad de las rosas es clavar sus espinas
—lo han dicho los poetas—
en quien busca angustiado la belleza.

Callar es dar forma a la nada,
medir lo que no ocupa.

TENGO la sensación (equívoca)
de que no tengo nada que decir.
Nada importante,
nada que valga la pena,
nada que sirva por sí mismo para justificar una vida.
Pero dejar que por mí
—a través de mi boca, mediante mis palabras—
hable esta ciudad que todo lo significa,
que todo lo sabe y lo comparte,
quizá tenga sentido,
y me traspase un poco de significado.

Que no sea la voz del tedio,
la nada que pasea por las plazas
como una sombra hueca
que ha olvidado su rumbo.

Que no sea la mirada turbia
de quien busca y no encuentra,
de quien pierde el horizonte a cada instante
y renueva su pasión entre las ruinas.

Que sea la palabra plena,
el ojo que recoge cada día
la inmensidad del mundo,
la celebración del arte,
la vida en su belleza singular, sencilla, quieta.

AMANECER EN EL GHETTO

ULULAN los latidos de las ruinas
en calles metafísicas,
borradas por azar,
sin transeúntes vivos.
Soy un sonámbulo que avanza a tientas
y se abisma en la alborada
tras otra noche quieta.
El teatro Marcello marca la frontera
con el más allá de lo dicho
—gramática y lenguaje—,
sustancia de lo eterno.

Interpreto en clave hermética
las ojeras de las muchachas tristes
—primeras habitantes del día—,
como si una cábala extraña
rigiese la lógica de sus rostros,
inútil jeroglífico
que denuncia una noche larga.

Llegan los camiones con fardos
de alcachofas y policías armados
requisan canciones insumisas:
sepulcros y palabras,
estufas y catarros,
presagios y destinos…
Temblores del lucero,
prodigio de la aurora.

Soy un doble del Golem,
camino legañoso como un autómata
que sigue amparado en el último sueño,
y dirijo mis pasos
—somnolencia, robotización, inercia—
hacia el Rastro de Porta Portese
en busca de libros viejos.

VENTANA EN ROMA

YO sé que estoy cansado de luchar,
pero no quiero reconocerlo
porque me da vergüenza
y un poco de reparo.
Sería una ofensa al mundo, a la vida,
a los que me acompañan en el día a día
y en realidad a todos los que comparten
la misma (o parecida) humanidad.

Tirar la toalla o tirarse por la ventana
—ni siquiera esta ventana de Roma,
que tiene acceso libre al infinito—
sería una enmienda a la totalidad de la existencia,
a la belleza del mundo y a la verdad de la vida,
esas cosas sin mancha que nos hacen mortales,
que nos hacen ser una especie de mancha limpia.

Manchas andantes somos,
bultos sin destino y sin sospecha,
palabras calladas que quiebran
al andar su propia voz gastada,
su propia locura enardecida,
y en ese mismo instante en que renuncian
a todo lo que han sido y lo que son
reciben de lo alto una denuncia
y declaran su pobre tesitura.

Has roto el límite del cerebro
y te has quebrado
como si un rayo te atravesase el cráneo
y dejase partido el tronco de tus horas.
Mejor soñar con otros días felices
—luminosos y azules y resplandecientes—
para salir del paso de este infierno
hacia otras estancias menos duras.

ESTA derrota es la más ciega,
el Tíber sigue su rumbo
invariable a tus desdichas.

El guitarrista insiste en sus melodías
exultantes y la gente sonríe,
las gaviotas son las únicas que claman
por ti, porque lo saben todo,
la melancolía que te abate,
y aunque el barco de turistas
perpetúe su fiesta a bordo
con rumores y cánticos y luces,
el retumbar de sus altavoces ha declinado.

Inútiles palabras,
versos alucinados por el virus,
todo sabe a poco en este instante último
y crepuscular que se refleja en las arrugas
de la corriente que te empuja con su fuerza.
Nadie se ahoga en el postrero sol de hoy
ni busca la mirada que se oculta.

Todo se concita para darte el adiós.

HAY una fuente en forma de libro
junto a Sant' Ivo alla Sapienza
de la que salen letras mojadas
e historias entumecidas.
Muchos de los que pasan
no se dan cuenta,
otros de repente se fijan
y ponen gesto de asombro
o se paran a hacer una fotografía
(a veces tienen que retroceder unos pasos
para centrar el encuadre)
y entonces todo el mundo de la literatura
se les viene encima, con personajes
que emergen de las tuberías de Roma.

Un poco más allá de la fuente
se halla el patio, tan simétrico
que parecemos todos delineados
a escuadra y cartabón.
Lo esbozó un Arquitecto
más sabio que nosotros.
Sólo nos falta un doble.

Es difícil pensar en todo
lo que nos va dando a diario
este lugar que no termina,

hacer recuento de lo que cada hora ofrece,
recopilar el estado del alma
e intentar traducirlo en palabras
para que no se vaya todo por el desagüe,
oscuro sótano de la nada fría.

LA DIOSA GRIEGA

CONTEMPLANDO el cielo
en cada paladeo del helado
como si fuese una diosa griega
que se ha escapado del museo.
Nadie lo ha advertido,
el vigilante se ha despistado,
y ella se ha sentado
en el borde de la fuente
gozando con una cucharilla
de la *stracciatella* fría.
Es eterna su manera
de contraer las mejillas
y lanzar los ojos a las nubes
como en un orgasmo.

No tiene sentido correr detrás
de las diosas griegas
por las calles de una ciudad vacía.
Ya nadie es joven
en esta plaza
donde la soledad del sueño
se hizo elegía adolescente.

Hay bultos tibios,
reposados,
como un prodigio de cultura,
los gigantes de piedra

que diseñaron escultores noveles,
y esta arquitectura única
que vuelve loco a los geómetras.

SOL CAPITOLINO

NO viene nunca nadie
a respirarte cerca.
El sol se sabe lejos,
está tocando fondo.
Sé que como este instante
no volverá a haber otro.

La clara luz que resbala
por los bordes de las figuras,
que se derrama por las hojas
de los árboles más altos
y deforma el perfil de los rostros
que se giran a mirarte.

El brillo del atardecer
se adensa en las ubres de la estatua
de la loba capitolina
que alimenta a los fundadores
de la Ciudad Eterna.
Nadie más se ha fijado.
Está contigo para siempre esa luz.
No quieres más que esto,
una y otra vez,
cambiando quizá el gesto o la palabra.

Esa sonrisa callada,
esa palabra vertida

en la mirada lenta,
ensombrecida,
de la luperca que busca
entre sus pechos
el origen del mundo.

Sólo la respiración clama
por ese amor vencido.

PARQUE DE LA CAFFARELLA

QUÉ impotencia tan tenaz
no poder expresar esto...
Reflejar el vuelo de estos pájaros
por encima de las ramas desnudas
junto a la Via Appia Antica,
como un invierno que solo está
en tu corazón herido.
Someter esta imagen espontánea
a una destilación morosa
que sepa extraer la esencia lírica
de las notas delicadas,
de las huellas de los peregrinos,
del empedrado virgen
que solo ha sido hollado
por dos vacas solitarias
caminando hacia el infinito.

Oxígeno y acueducto,
cuadernos y miseria,
juguetes y destinos,
memorias y llamadas,
sepulcros y cenotafios,
palabras y sentidos...

La gloria de los ríos
madura en los almendros,
los ciervos que destruyen
los helechos del suelo

y el rastro de las bicicletas
que trazan en el barro
un rumor de sirenas
y un aforo cósmico de siglos.

Las ruinas de los antiguos muros
que hacían del emperador un Ego
inatacable, invisible, insondable.
Respira el cuerpo inmenso,
celebra la carne de la escarcha,
y luego muere
en el vaso del poeta.

La luz atraviesa el agua
en este atardecer de primavera,
y no hay desdicha capaz de ensombrecer el mundo
porque aquí está el pájaro en su huida,
el acorde en su fuego, la palabra en su vida.
Es extraño este exceso de transparencias,
nadie exige la llamada del ascua,
el rumor verde del colmado mudo.

He pintado con niebla estas nostalgias.
Es el misterio último de la hora.
El reloj que no duerme, insomne,
como la muerte de esta criatura.
Y finges ser un charco
en la noche tendida,
y es como el viento
que sopla hacia ti mismo, hacia dentro,
mirando las entrañas transitorias
de este paisaje hundido y desolado.

SÉ que es palabra de marzo,
incruel y pálida,
desdichada,
palabra de un mes absorbente
que existe en vano.
No hay razón suficiente
para este sufrimiento tan largo.
Es casi, diríamos, una ofensa
al fuego que no cesa,
al fulgor embriagado
o la ebriedad monótona del día.
La lluvia del poeta en la ventana
es este fluir sin tesón del río.

¿Cómo es posible que en esta caída de la tarde
nadie vea lo mismo que yo: la aurora?
Indolente y blanca,
como el abdomen de una mariposa,
¿te acuerdas de aquel enero
en que las rosas flotaban por el aire
arrancadas del jardín por una polvareda?
Fue antes de Roma,
antes del infinito hecho distancia
y la sonrisa azul del afluente viejo.

El cabello del mar está desnudo,
el olor a marchito de los pájaros,

el pintor que ha vagado por la boca
de un pez que salta de un infierno a otro.
No sé si esta nada se eleva en la vigilia
o prefiere soñar con otros montes,
las bujías que ahogan en los bosques
las almas de difuntos,
las lágrimas secas
de tanto caer por las mejillas.

ESTA locura que me nace dentro,
que me rompe las horas
como si todo se acabase ya,
como si de un instante a otro
un rayo atravesase el cielo
y partiese el cerebro en dos mitades.
Escamas y sollozos,
palabras en cadena,
las conchas como alas,
los peces con la boca abierta.

Me bebo la caracola del mundo,
lentitud del ensayo,
fragmento virgen,
la espina de una lengua
que celebra tu magia y tu quebranto,
la legión romana
ha sido aniquilada a las puertas de Cartago
y aquí estoy, de rodillas, llorando
por un imperio odioso de hojas secas
que se llama otoño.

Medito tendido en el aire
—como una arruga del viento—
y escojo las blasfemias menos lóbregas,
rebaños de luz, ilustre mar sin fondo,
manantial diáfano y hostil,

alarido solemne y putrefacto,
¡qué caricias amargas
se hunden en tu pelo!

Pescador errabundo
en busca de su autora,
sabe que su existencia
es pura fatalidad arbitraria
o risa de los dioses.

Oh dolor viscoso
que se apelmaza en el estómago
como un fusilamiento mal digerido.
La pena capital
de todos los países
llamados vida.

YO no sé qué escribir.
Podría decir muchas cosas de Roma,
pero ya alguien lo habrá dicho,
antes y mejor.
Hay que tener mucha vanidad e inconsciencia
para lanzarse a emborronar páginas,
como si lo que saliese de los dedos de uno
pudiera tener suficiente interés
para perder sus horas leyéndolo.
El tiempo es muy valioso,
y las lecturas infinitas.
Las cosas que pueden salir de una cabeza
son limitadas, y entre los límites de las meninges
se juega toda la realidad de los multiversos,
que son poemas aleatorios
que emergen de la mente de Alguien.
Plotino (el ostiense) lo llamó el Uno.

Se asoma uno a la ventana de Sant' Agostino
y se queda embobado viendo caer la lluvia,
lo mismo que las vacas en los prados de Galicia.
Se le pone a uno cara de vaca embobada,
y la lluvia va cayendo melindrosa
por la barbilla
y alguna gota densa
se cuela por la nuca
y se desliza por el cuello,

provocando escalofríos.
Los ojos se achinan
para evitar el embate del viento,
y las ramas de los árboles más lejanos
simulan una estación distinta.
Esta lluvia primaveral
puede acabar cansando al más paciente,
pero yo creo que sucede
más bien al revés:
no hay paciencia suficiente
para disfrutar del instante sostenido del chirimiri,
ese infinito en ralentí.

Es momento de buscar las palabras,
allí donde se encuentren.
No en el diccionario, por supuesto.
Las palabras se encuentran en las bocas
de la gente que habla,
emergen de la garganta
y quizá hacen parada en el cerebro.
Pero nacen del alma,
o eso me gustaría pensar.
También depende de quien
las diga o las pronuncie.

Busca uno la palabra justa,
la palabra adecuada,
la palabra perfecta y redonda,
el nombre exacto de las cosas
que buscaba Juan Ramón Jiménez,

el adjetivo preciso que discurría Josep Pla
mientras se liaba el pitillo de picadura.

Lo importante es obligarse a sentir.
Tener algo que decir.
Buscar algo que sea interesante o nuevo,
o que al menos sirva
para poner esta ciudad por escrito.
Esa labor de notario de la nada
que dignificó Pessoa.
Esa tarea de reproducir la vida
que Azorín supo asumir
con indeclinante nervio,
en frases cortas y melódicas.

Estoy en un estado de locura
en el que el verso es fácil, sin valor.
Valiente y detestable, como el oro,
que brilla en nuestra ausencia de la noche,
luciérnaga del día de tu muerte,
palabra entorpecida por la lengua.
Sé que es una canción
anegada en sexo y lluvia
cuyo nombre es pasión.

BIBLIOTECA ANGÉLICA

ES como quitar el polvo acumulado en los estantes
o simular la sombra que proyecta un libro
en la pared del edificio de enfrente,
para saberse leído por todos estos siglos
en amable conversación con los difuntos.

Madera de milenios,
envejecida como yo,
que cruje en cada paso del curioso
que busca la palabra que le cure.

Es el templo de la utopía impresa
que hubieran inventado Escher o Borges,
laberintos bifurcados en galerías infinitas
llenas de espejos enfrentados
y lomos en piel de oveja.

Fenómenos extraños
que son como el martirio del invierno.
Un pecador insomne
fue condenado a muerte en esta sala
y se oye su respiración entrecortada,
sollozo de pulmones carcomidos.

LEYENDA de la laringe,
ágil bóveda de polvareda,
huyeron todos los alientos de la inmundicia,
simiente de salitre y ciénaga,
sudor de lágrimas acumuladas
en el sobaco del reo.

La cosecha valiente de tu empresa,
la figura sagrada en la marea,
el fuego olvidado de la infancia.

La castaña en el vaso,
la ilusión sin dinero,
la amargura del pan que no se elige,
la aventura del miedo que apolilla.

La amistad del orégano bruñido
en los pastos del alma de tu cuerpo.

Y el fracaso del sueño,
y el sonido callado,
y el horizonte de tu muerte clara,
y la cosecha de tu vino incierto,
y el nido de tu boca sin matices,
y el balcón soleado de tu noche,
y la música sedosa de tu asfalto.

CAMPO VERANO

YO soy la nube que pasa
y saluda desde lejos a los muertos,
un piélago de estorninos inunda el cielo
y dibuja formas acrobáticas,
figuras sin geometría
que van cambiando el perfil del viento.
Pacífico y hostil,
instante que no vuelve.
Es vértigo o prodigio
de la mente que tiembla,
de la voz que se enciende
y se apaga en las fábulas
contadas en la hoguera,
un misterio soñado
en un idioma extraño y trémulo.

Visitas la sencilla lápida
de Jorge Ruiz de Santayana
en el sector de la Obra Pía española
y celebras sus recordados versos:
«Sólo dejo el sonido de muchas palabras
oídas al azar con ecos burlones».
El filósofo errante
—irónico, despegado,
sabio, sutil, cosmopolita—
que nos llevó en su corazón por siempre
y no olvidó su patria hasta la muerte.

Es todo fantasmal,
el sol que ciega
e ilumina sepulcros olvidados.
La firme vocación de ser enigma,
la emoción del que yerra
y se abriga del viento entre las tumbas,
inclemencia callada en la penumbra,
esqueletos hundidos, flores ennegrecidas
y cristales de vasijas rotos.

Es el cansancio eterno
—como una gota silente y penetrante—
del muerto que ha dejado
su existencia a medias,
que no se pudo despedir de nadie
e improvisó el deceso,
y ya no puede dormir tranquilo
porque sabe que el mundo es una broma
pesada de los dioses,
y no le encuentra la gracia.

VIVO en las semillas,
me duermo bajo la lluvia,
canto en las horas desgastadas
y bebo vino añejo en las bodegas.

Campanas de lisonja,
suave ajenjo,
compás sordo del viento.
Esperan los recuerdos
la redención del sentido.

La tierra es culpa tuya,
no lo niego.
El agua irrumpe en la fontana blanca,
rival del sol,
tan grande y tan nívea.

Victoria de la cumbre sin conquista,
faena del ojal que un dios enhebra.
Cansado de tanta batalla inútil,
Garibaldi a caballo nos contempla,
atónito y gallardo.

El dique del dolor,
tu sola presencia.
Perdido en el Orto Botánico,
sueñas con una tarde de hace tres lustros

en que el mundo se frenó a secas
y todo parecía estático y callado,
mientras la lluvia entonaba su sinfonía.

Maldición del ganado que perece:
uno a uno caen todos los bueyes en la hierba,
atravesados por una tormenta eléctrica.
El sueño que se torna pesadilla.
Hermosa y redonda la inercia.

DESDE LA AZOTEA

PASAJERA cima del nido de tu casa,
volandero mercado de las sobras,
aquí en el centro de tu pupila yazgo
como un mendigo sin prórroga.

Transfigurado por el brillo de un templo
que es tu visión a ciegas en esta barandilla
subiendo la madera apolillada
que cruje en los estratos y las sillas.

Borracho de tu sol,
cansado en el desierto,
toco la yema del aire
y hurgo en las liendres de tus dedos.

Ni ligero asesino, ni escorzo de vejez.
Es tan tenue esta luz,
sin fe y sin ángeles,
que nadie podrá decirme
que tienes que creer en la penumbra.

VILLA TORLONIA

HACE años era un montón de ruinas
—el cansancio del tiempo, sólo su testimonio—
con una belleza misteriosa y mágica.
Apenas se veía el salón de baile,
derruido y rodeado de piedras y polvo,
y los gatos me hacían compañía
sentado en un banco durante horas
leyendo o comiendo o simplemente meditando
ungido por la luz del atardecer.

Algunos días el parque se hacía paisaje innombrado
con el llanto místico de la lluvia
y mi soledad se multiplicaba
por la humedad de la ropa,
que me daba una sensación más triste
de sujeto sin hogar ni compañía,
mohoso pájaro sin jaula y sin comida,
la mirada perdida entre los árboles
y un griterío de cláxones al fondo
de gente con familia que aceleraba
hacia el abrazo doméstico.

Ahora está todo renovado y reluciente,
un éxtasis de piedra y mármol,
esplendorosa arquitectura nívea,
y paseas por el parque
rodeando el obelisco y la casita del príncipe

mientras hacen gimnasia unas jóvenes
y un anciano lee el periódico.
Es la hora tranquila,
un mundo sin exceso de personas
y una legión de farolas melancólicas.

No hay nada más hermoso
que las esfinges gemelas,
guardianas de todos los secretos
entre las plumas de sus alas pétreas.

La casa de las lechuzas sigue siendo
una construcción de cuento infantil,
con su desván vacío y silencioso
donde se forjan las vidrieras de colores.
Unos ojos enormes,
unas manos que besan
una mirada trágica y muy negra.

HE visto la serpiente
salir por el afán de estas desdichas.
No hay tentación posible:
todas las manzanas cuelgan podridas
de los árboles de la avenida, sin excepción.

Las ojeras del reo,
la avidez póstuma del condenado
que viaja encapuchado
a lomos de un jumento
de Santa Maria Maggiore
a San Giovanni in Laterano.
En la escalera santa
destroza sus rodillas
y reza por los muertos de la guerra.

El crepúsculo que escribe lento, pausado,
su teorema del pecado original,
como un amanuense solitario
que dibujase en sangre el horizonte
y marcase con símbolos el obelisco.

El párpado que cae al suelo
de tanto sigilo acumulado,
ajeno a lo perpetuo,
y rueda como espía desvelado
que ahonda en el misterio.

No mires hacia atrás.
Te están vigilando
los ojos semiocultos
en las sombras,
visillos que se mueven,
persianas entreabiertas
con manchas de perfiles de personas.

Lavado por la lluvia,
contagio de lo eterno,
cerebro que respira en la derrota
y sabe refugiarse en el silencio.

La olorosa encina,
la fresca sombra del ciprés,
la sinfonía de luces de la noche ciega...
Todo conspira para tu locura.

VA deprisa con la bolsita de la farmacia
y el latido del pecho en la boca,
buscando una última luz que sirva de refugio,
porque no tiene hogar.

Blancura en la cenefa,
indestructible como la estatua de la noche,
morada del adiós al día.

La pluma batiente, el ala húmeda,
una gaviota exige con la voz quebrada
que todos los seres humanos
caigan al unísono desplomados, al suelo,
como en un pelotón de fusilamiento.

Sería una muerte civil sin puño,
sin arado, con el cabello de mármol
ondeando entre las sombras,
una oleada inmóvil como de hueco estéril.

Traspasa el cuchillo agrio
las costillas del mundo
como un campo tejido en el humo del viento,
como un cántaro roto de tanto repetirse.

Nadie sobrevive,
es el canto final de la ópera,
los aplausos se oyen desde las escaleras
cuando uno está huyendo de la vida
para evitar el colapso de cadáveres en la morgue.

ESE insecto que vuela
atraviesa un fondo,
quizá un fondo tan bello
que no se puede expresar.

Las colinas delinean el horizonte
sobre un nido de cúpulas y cruces,
los vencejos merodean entre las nubes
como un piar de la conciencia.
La ciudad a estas horas está desierta,
ni siquiera hay cuerpos asomados a los balcones,
la luz se va derramando por las fachadas desnudas
manchando el infinito de amarillos.

La rama se ha secado, parada en el aire,
y el pobre prosigue su camino
hacia un confín que ni siquiera él conoce,
las hojas van marcando su destino.
Un hombre con perro se acerca a la basura
y deposita una pila de periódicos de ayer,
comienza un nuevo día.

El loco de la parada de autobús
discute consigo mismo.
Hace frío en las salas vacías del museo,
el vigilante se ha cansado de estar sentado
y pasea entre las ruinas del jardín.

Pobres, locos, solitarios…
somos los únicos testigos del milagro,
del momento decisivo en que el sol
aparece y, con él, se empieza a dibujar todo.

DOS VECES EN EL MISMO RÍO

PASEAN, corren y pedalean
en todas direcciones,
desde las dos riberas,
mientras la corriente del Tíber
ruge, corre y pedalea,
formando espumas y olas.

Heráclito se volvería loco aquí.
Ni el paseante puede volver a pasear el mismo paseo,
ni el *runner* puede recorrer el mismo tramo,
ni el río puede bañarse en la misma mirada
de este observador insomne.

El discípulo de Heráclito que decía
que nadie puede bañarse ni una sola vez en el mismo río
se pegaría un tiro en la sien
o se lanzaría de cabeza desde el puente Sisto.

HE cambiado la noche
por tu sola palabra.
En el cuarto contiguo
son las alas del aire
las que dicen tu nombre,
y el sigilo del mundo
nos aclara su día.
¡Cuánto sol estrellado
como noche en invierno,
sin mirar al pasado
que revienta de dicha!

Inventamos el rumbo
de los mares en tierra,
y volamos a ciegas
como el grajo en su turno.
Es dolor lo que avienta
a la orilla del tiempo
de color claro o turbio,
como enigma sin puerta
que reclama su mundo.

Y responde la aurora
cuando al nacer el día
buscas la compañía
de los viajes nocturnos.

Son muñecos de seda,
en la mano su huso,
y envolviendo la siesta
de tus ojos cansados
nadie gira el tornado
ni repara la siembra
de sus brazos desnudos.

EL SUEÑO DE LA ERINIA

PASO la mañana contemplando a la Erinia.
No me canso. Es tan bella...
que pueden ir cayendo los imperios
—uno a uno, sin demora—
y su sola sonrisa amansará el mundo,
como si todo el sentido estuviera en sus labios.

Alrededor príncipes y soldados mantienen
su loca carrera por la expansión del poder,
pero en el fondo no son más que sueños
o pesadillas pasajeras de la Erinia,
que a veces —cuando nadie la mira—
bosteza abriendo mucho la boca,
haciendo de la piedra un soplo de vida
y de la pilastra un contraerse de los músculos.

El patio, soleado, reclama del visitante
un gesto de placidez, de asombro,
tal es la perfección simétrica de las arcadas,
los vanos, los pisos, los faroles, las estatuas...
Los frescos de la logia de la planta noble
—con ninfas, aves y querubines
colgando entre plantas y paisajes naturales—
encubren desde sus pérgolas abovedadas
los bustos vacilantes de los doce césares.

El Palazzo Altemps es un infinito en piedra
que se eterniza en pliegues y repliegues,
como espejos enfrentados
que se dejan mecer por el vértigo
de un punto de fuga divino.

SE oscurece el cielo
y comienza a llover,
es un silencio inmenso reiterado
con sabor a mar, a olas, a sal.
Silencio por lo repetido de sus gotas
que golpean el suelo y la ventana,
y ese no sé qué de infinito,
de frescura, de viento,
que repica feliz como adormeciéndome.
Silencio en su sonora transparencia,
en su hacerse llegar hasta los oídos del alma,
dejando el corazón anegado de sigilo,
y es ahora y fue hace siglos y seguirá siendo,
tiene algo de burla de la muerte,
de infinita paciencia
que nos convoca a todos y nos moja,
nos humedece para hacernos lo mismo.
Quisiera no pararas,
pues el canto último de la lluvia
sería la voz fúnebre del viento,
ese silencio definitivo
que es el rumor del mundo.

De repente rompe un trueno a lo lejos
partiendo como en dos el firmamento
y el ritmo de la lluvia se acelera
y nos moja las palabras,

que se hacen más pesadas,
más resbaladizas, más tenues,
como un poema que gotea,
que chorrea versos uno tras otro,
y hay que escurrir la página
para que no se deshaga entre las manos.

Cerca de aquí, en la piazza Navona,
los dibujantes de caricaturas
estarán recogiendo sus caballetes
y correrán los turistas a refugiarse
arremolinándose bajo los aleros
y abandonando a su suerte
a los gigantes de las fuentes.
Susurra el viento en la espesura
y el horizonte último de mi mirada
son las nubes ya negras,
gente pasando por la plaza,
sonidos de motores que aceleran,
un abrirse y cerrarse de paraguas,
un abrirse y cerrarse de ventanas,
y asciende desde el suelo
un olor a tierra mojada
—aunque no haya tierra ni césped—
que viene cargada de sueños.

Y sí, me es dulce naufragar en este mar,
este infinito leopardiano
de las estaciones muertas.

ES la hora de las vísperas.
Reverberan las campanas en la conciencia
—la del insomne, la del alma, la del mundo—
y los monjes meditan sus leyes día y noche
con letras que dicen lo más hondo
en un son de alabanza o de derrota.
Sus pasos no vacilan.
Alcanza su pregón toda la tierra.
Tratemos de glosarlo en su sentido.

Se me pega la lengua al paladar
y la garganta es un sepulcro abierto
que prefiere las palabras corrosivas,
maldiciones, engaños y fraudes.
Coloca una guardia en mi boca.
Mi vida está al borde del abismo,
ya me cuentan con los que bajan a la fosa.
Mis días se desvanecen como humo
y mis huesos queman como brasas.
Soy el espanto de mis conocidos,
me han desechado como a un cacharro inútil.
Me doblo bajo el peso de tus terrores,
pasó sobre mí tu incendio.
De noche grito en tu presencia.
Soy como un inválido,
tengo mi cama entre los muertos.
Estoy desvelado gimiendo
como un búho entre ruinas.

Las pupilas de Dios observan a los hombres
que se empeñan en extraviarse, obstinados,
y multiplican las estatuas de dioses extraños.
El aliento de su boca creó los ejércitos.
Cavó y ahondó el enemigo
la fosa fatal, la charca fangosa,
la ciénaga donde los huesos dislocados
—paja que arrebata el viento—
buscan su sanación desesperada.
Pisotea al malvado por tierra
y aprieta su vientre contra el polvo.
Vagan por la ciudad,
ladrando como perros.
Arderá como el fuego tu cólera.
Lloverán sobre sus cráneos
ascuas, azufre y cenizas,
sus innúmeras culpas y desgracias
suman más que los pelos de tu cabeza.

Mi corazón se derrite en mis entrañas,
como cera, y tengo los huesos descoyuntados.
Voy encorvado y encogido,
camino sombrío desde el alba,
estoy agotado y deshecho,
me agitan mis ansiedades.
Me aprietas contra el polvo de la muerte,
mis días no son nada ante ti.
Estoy callado, en silencio e inmóvil.
En vez de pan, como ceniza,
mezclo mi bebida en llanto.

Al despertar me saciaré de tu semblante.
Conozco todos los pájaros del cielo
que estrellan sus nidos contra las peñas.
El sepulcro es su morada perpetua.
Arden de avidez en el desierto,
una sima grita a otra sima.
Comen de los sacrificios a dioses muertos.
Teñirás tus pies en la sangre del enemigo
y los lobos los lamerán con sus lenguas.
No temerás el espanto nocturno.

Refugio del oprimido, esperanza del humilde,
labios embusteros, doblez de corazón:
«¿Hasta cuándo seguirás olvidándome
y escondiendo tu rostro?
—se pregunta el creyente, desesperado—.
De día te grito, y no me oyes;
de noche suplico, y no me haces caso».
Mil años en tu presencia son un ayer,
que pasó como una vela nocturna.
Derraman sus libaciones con las manos,
asesinan a viudas y forasteros,
degüellan a los huérfanos.
Por tu causa nos decapitan cada día,
nos tratan como a ovejas de matanza.
Sobre tu altar se inmolarán novillos.
Cúbreles el rostro de ignominia
para que busquen tu nombre.
Que caigan en hoyos
y no puedan levantarse.

Nos precede un fuego voraz,
nos rodea la tempestad violenta.
Tu lengua es espada afilada,
un aliento fugaz que no torna.
Nos librarás de la red del cazador,
de la peste funesta.
Haz llover carne como una polvareda.
Apacigua la tormenta en suave brisa
y enmudece las olas del mar.

Aplasta los cráneos
de los malvados contumaces.
Hazlos hojarasca,
vilanos frente al vendaval.
Que bajen mudos al abismo,
que en humo se disipen,
que supuren sus llagas,
que no duren más que un soplo,
que caminen a oscuras
mientras vacilan los cimientos del orbe...

El hombre pasa como pura sombra.

EL COLISEO

UN fuego los devora,
antorchas encendidas
clamando por la hora
de la última suerte:
pulgar arriba, pulgar abajo.
Sentencia terminante, decisiva.
Caminamos por dentro en la osamenta
de piedra que royeron los siglos,
como un esqueleto que denuncia
la caducidad del hombre.

Mártires desgarrados,
leones malheridos,
enormes gladiadores
con cortes en los brazos
y el rostro ensangrentado.
Pulmón de piedra,
órgano quebradizo,
imágenes de violencia
salpican la memoria virgen
de los que te visitan.

Todo queda relegado al pasado,
como una fábula que no puede doler,
pero en el fondo persiste una llaga
o una contusión en el alma.
Nadie sale como ha entrado
sino más mártir o más verdugo
o más espectador descerebrado.

A UN PASO DE LA LOCURA

ESTOY bordeando la locura
y no me duelen prendas.
Es un sufrimiento tan grande,
un sufrimiento sin dolor,
algo espontáneo y absurdo y gratuito y vano,
algo que no parece justo,
este inmenso crujido
que bate por mis sienes...

Yo no sé quién ni por qué lo habrá inventado,
para qué me han condenado al sufrimiento
si nadie sale ganando.
Todos pierden.

No puedo ser el único
que ha rozado el horror del infinito,
esa nada recubierta de miedo e indiferencia.
Los manicomios están llenos de gente como uno,
pero no sé si son poetas, sabios o asesinos.
Aquí yace un trovador cansado.
Aquí agoniza un rapsoda dormido.

ABSTRACTA soledad
de un dios tan puro
que nadie puede rezarle
porque no ven su rostro ni su mano,
Motor Inmóvil que todo lo mueve.
La gente que hace cola
para observar la cúpula del Vaticano
por una cerradura.

Explosión de lo natural
como la efervescencia
de los naranjos en flor
que en el sigilo vibrante de la noche
brotan en destellos delirantes
y curan la fatiga del caminante.

Paseas por el Aventino,
sosiego oscuro en el confín de tus labios,
océanos perfumados
y besos escondidos.
Avienta su perdón
la luna pálida
y obedece al vago murmullo
de su aventura ámbar.
Al filo del tiempo
corre el desánimo
en socorro de tu corazón dormido,

y titubeas como un recién nacido
en la jornada primera.

Un cortejo de adjetivos
pueden tratar de apresar tu indolencia,
pero es un himno al azar,
migajas del Verbo que te dicen,
que te formulan y te mueren.
Remoto trance en la iglesia de Santa Sabina,
donde Santo Tomás comenzó a escribir su *Summa,*
silencio y vacío y tinieblas,
un espíritu sosegado nos envuelve,
y detrás de toda la armazón lógica
—genial construcción del gran maestro del orden—
se esconde el cuerpo de un místico
que se emociona y llora.

NOCTURNO

CORRO las cortinas con la mano
y contemplo las estrellas desde la almohada,
dejándome mecer por los luceros
que vibran con su morse
de indescifrable gramática,
de sintaxis banal y enloquecida,
mientras las campanas reposan
esperando la llegada del sol
que la voz les despierte.
La inmensidad del universo es más inmensa
y el yo es más diminuto desde esta cama,
desde esta soledad implacable,
todo noche cerrada y luminosa,
cansancio de las almas peregrinas,
pensando en dónde acaba el firmamento,
dónde da su primer paso el infinito,
demencia de la cavilación excesiva.

En una esquina la luna impone
su fuerte luz como bombilla etérea
que ordena las piezas del puzle de la noche
y se confunde —si te incorporas—
con la farola de la plaza reflejada
en una ventana del edificio de enfrente.
Palabras vanas se superponen al misterio,
la única salvación está en la escritura
que quiere hacerse inteligible a uno mismo

sabiendo salir de sí y entablando
una generosa atención con lo otro,
como si pudiera travestirse en luna,
en noche, en estrella, en rama...
Es el momento de la huida,
una fuga sin sentido,
hacia no se sabe dónde.

Nada de lo que *ocurre* es en vano,
ni siquiera de lo que *te ocurre*,
ni siquiera de lo que *se te ocurre*.
Hay que saber tomarse las cosas
como vienen, aceptarlas,
y con gesto resolutivo borrar la cuenta
y empezar a sumar más victorias,
más estrellas, más lunas, más nubes...
Escribir es un poco como escribirse,
lo único que importa es ser consciente,
no dejar que todo muera nada más suceder,
recuperar los instantes
antes de que se marchen definitivamente.

Hay mucha muerte en lo definitivo,
donde se escapa el fantasma de lo imaginado,
ese algo místico de la celebración del mundo,
ese algo repetido para todos los hombres.
Nada que quiera ser nuevo es distinto.
Es mejor no pretender serlo,
basta con sugerir un cambio,
que sea todo tuyo este decirse en todo

y, por serlo, pensarse nuevo,
como este cielo estrellado de la noche romana
con sus cadáveres fugitivos.

ESTE rayo de sol
que atraviesa las vidrieras
y se posa en tu frente
hace del milagro una presencia verdadera
tan nítida como espectral,
antes de que los cantos gregorianos
inunden el espacio de la nave central
desde los asientos del coro
como un delirio súbito y carnal.

Manantiales de luz por *Aquae Salviae*,
temblores del alma en un cuerpo cansado,
los frescos de los laterales
con colores fríos y desgastados
por el paso del tiempo
arden en mitad de la penumbra
desde sus columnas solemnes
y te hacen reparar en el pasado,
como si una redención postrera
lo hiciera a todo bienaventurado,
a esto, a aquello, a lo de más allá,
todos hermanados en un solo latido
que fluye sin dolor ni añoranza
por el lugar único de la luz.

Es mediodía y comienza la lluvia,
una lluvia leve y persistente
que lava y emborrona y opaca,

con un viento impetuoso que atraviesa
este valle de Vía Laurentina.
Te refugias en el oratorio.
No hay nadie más que tú.
La columna del apóstol
señala el lugar del martirio,
y la leyenda cuenta que los tres botes
que dio la cabeza de San Pablo
al caer al suelo tras el corte de la espada
señalaron el lugar de las fuentes
donde se funda el imperio de Occidente:
«Civis romanus sum».

Pasas más de una hora en soledad
hasta que deja de llover
y puedes salir al sendero del jardín,
a la fontana donde un anciano mendigo
te cuenta las peripecias de su vida
(podría ser un fantasma en toda regla),
y atravesar el arco de Carlomagno
y dejar a un lado la estatua gigante
de San Benito de Nursia
entre cientos de hojas dispersas por el suelo...
¡Inexpresable la intensidad del mundo
cuando el instante hechiza con su música,
cuando el misterio dice su verdadero nombre
y la perplejidad se hace reflejo de tu alma!
¿Cómo decir ese momento único
en que la historia llora,
en que la gloria del pasado duerme
y se hace vivo su presente
como una sentencia hórrida?

EL centro de mi estancia
—y quizá del universo—
es esta plaza que mira al Panteón,
belleza eterna de la simetría.
Paseo entre sus columnas
y accedo al interior de su pecho,
alzando la mirada al cielo
por ese hueco redondo
que comunica con lo divino
como un foco infinito y traslúcido.

Por las mañanas paso
velozmente por la plaza
con el café y el *cornetto* en la mano,
por las tardes me demoro
un buen rato en la columnata
y por las noches me siento
en los escalones de la fuente
—al menos media hora—
rodeado de turistas y buscando las estrellas.
Salgo de fondo en multitud de fotos
como un convidado de piedra,
como un muerto futuro
del que nadie sabe el nombre
—cuando vean el álbum en casa—
y no guardan recuerdo ni las palomas
que resbalan por la frente del mascarone.

Contemplo el mundo entorno:
la gente siempre mucha, demasiada
—y cada vez distinta—,
que pasa por mi vida fugazmente
y comparte conmigo este milagro
sin ser conscientes de la dimensión del prodigio.

Mausoleo de una humanidad furiosa
—óculo del universo, techo del infinito—,
me postro ante ti humildemente
y dedico mis versos a admirarte,
a decirte lo mucho que emociona
a los hombres sencillos, carentes de ilusiones,
el pasar junto a ti, sin oficio concreto,
imaginar la historia del obelisco
o atravesar el pórtico corintio
—ese bosque de piedra inmaculada—
y adentrarse en la rotonda de hormigón
sin agachar la cabeza
para poder ver las nubes
que cruzan por el perfecto agujero.
Echo el cuello hacia atrás
buscando una perspectiva posible
y una columna de luz roza mi cráneo.
¡Oh cúpula que te sostienes en tu propia inercia,
no me ahogues en tu inmensidad!

Desde la fuente te alzas
como un partenón nuevo
coronado por piedra
y vano de ladrillo.

Sabrás lo que es la muerte
de todos tus discípulos.
Mirando en las agendas
de siglos venideros
leerás que no han venido
a curarte ni a romperte.
Seguirás incólume, prestigioso,
rodeado de calaveras y tibias
como las banderas de los piratas
antes de tomar tierra definitiva.

Remedio mi cansancio apoyando la espalda
en los soportes fuertes de granito,
y saco de la mochila cuaderno y lápiz
para apuntar en el plano tu cerebro,
que es el mío reflejado en él.
Es como atravesar una floresta
—pétrea o marmórea—
donde perderse y no buscarse.

ISLA TIBERINA

RELÁMPAGOS que ciegan
al transeúnte tímido,
la cima de la leña,
el gruñido bestial de una sonrisa,
es la floresta humana, la savia colorida,
piadosamente tuya, graciosamente mía.

¡Qué salvación te espera
al fondo del pasillo,
donde las olas mueren
sin rechistar siquiera!

Petrificado estigma,
deslumbre del desierto,
nieve y hoguera,
aliento sobornado,
es terrible saberse perdido o penúltimo.
Obscenas pesadillas del puente,
muslos impúdicos,
ojos que van más allá de la dicha.

Se borra el trastorno de ser menos,
se cubren las tapias extranjeras
con una lona de desasosiego.

Se inserta el pie en el devenir,
como resumen tembloroso

de un discurso funeral dado a la épica,
herencia de una herida.

Ajeno al cansancio de la multitud,
me desnudo en un seto y clamo por los dioses,
congregados en torno a un fuego que es mentira.

No siembra la tormenta,
no ingresa voraz la soledad divina,
ojo inmóvil que llora lágrimas vivas.

Cada uno de nosotros es una lágrima,
esa es la secreta sabiduría
que sólo unos pocos iniciados conocen
en espumas remotas como incienso.

El sello de esta boca no es silencio,
es una escala que va pisando corazones
y va extrayendo un zumo vacilante.

La sangre riela en tu pupila.
Alucinaciones vanas.

Guerreros de la noche,
no olvidéis la serena soledad del cuarto
donde todo cansancio recupera el aliento
y todo reposo halla su espacio.

Futura muerte sola de ocho mil millones
(lo dicen las estadísticas).

ÍNDICE

SE TERMINÓ ESTA EDICIÓN DE

ESTANCIAS ROMANAS

EL 15 DE MARZO DE 2024